AF306150

CATALOGUE

D'UNE BELLE COLLECTION

DE TABLEAUX

DE L'ÉCOLE FRANÇAISE,

FORMÉE PAR LES SOINS

DU CITOYEN G***.

Dont la Vente se fera, à deniers comptans, le tridi 13 Germinal (2 Avril 1794, *vieux style.*) & jours suivans de relevée, dans la grande Salle de la Maison de Bullion, rue J. J. Rousseau,

On verra les objets les deux jours qui précéderon, la vente, & chaque matin des vacations.

LE CATALOGUE SE DISTRIBUE

Chez les Citoyens

CONSTANTIN, Marchand de Tableaux, Quai de l'Ecole, N°. 4.

BOILEAU, Vendeur, rue du Bacq, N°. 847.

L'AN II DE LA RÉPUBLIQUE.

1794

AVANT-PROPOS.

LE Citoyen, dont nous vendons le Cabinet, est affez connu dans les arts & parmi les aitiftes, pour nous difpenfer de faire l'éloge de fes connoiffances & de fon goût : le premier Cabinet, dont il s'eft privé en partant pour l'Italie, l'a affez prouvé. Il mérite plus d'éloges par l'utilité dont il a été aux artiftes modernes, en formant une collection où il a fait connoître ceux d'un talent diftingué, & ceux qui annoncent augmenter un jour le nombre d'habiles artiftes dont la France s'honore. L'avantage doublement précieux que les amateurs retireront, en marchant fur fes traces, en encourageant les artiftes, c'eft de leur être utile, & de fe procurer des Tableaux purs & vrais ; ce qu'ils ne peuvent pas toujours faire en achetant des Tableaux anciens, à moins d'avoir des connoiffances qui ne peuvent s'acquérir que par une grande habitude, un goût décidé & une étude fuivie. Il faut des motifs

[4]

puiſſans pour ſe déterminer à ſe priver d'une collection qui faiſoit le charme de ſon exiſtence par
le concours nombreux d'artiſtes & d'amateurs
dont ſon cabinet étoit le raſſemblement. Les
amateurs ſeront à même de juger, par l'enſemble
de ce charmant Cabinet, combien nous avons
d'habiles artiſtes dans les modernes.

CATALOGUE

D'UNE BELLE COLLECTION

DE TABLEAUX.

LOUIS CARRACHE.

Nº. 1. LA Communion de S. Jérôme, dont le grand est à Boulogne. T. Haut. 20 pouc. larg. 15 pouc.

AUGUSTIN CARRACHE.

2 Jupiter transformé en aigle, enléve un vêtement à une Nymphe qui se baigne avec six autres compagnes ; composition agréable d'une bonne couleur & d'un bon style. T. Haut. 30 pouc. larg. 36.

CIRO FERRE.

3 Cléopâtre sortant de son bain, bat son intendant pour avoir dit à Octave, qu'elle avoit des trésors cachés ; composition de six figures, ornée de vases & ornemens. Ce tableau vigoureux & d'un bon style, peut servir de pendant au précédent. T. Haut. 30 pouc. larg. 36.

A 3

CARLE MARATTE.

293
Cornillon
4 Deux tableaux faisant pendans. L'un offre une Tête de vierge, & l'autre un Ange tenant un lys. Ces deux tableaux, d'une bonne couleur & d'une expression douce, sont peints sur cuivre. Haut. 6 pouc. larg. 4.

ROMANELLE.

680
Clausier
5 Deux tableaux précieux. L'un représente Renaud & Armide, l'autre Angélique & Médor. C. Haut. 7 pouc. larg. 9.

J. P. PANINI.

741
Desmarais
6 Vue du Campo Vaccino à Rome. Ce beau tableau est orné d'une grande quantité de figures distribuées avec goût sur différens plans. T. Haut. 24 pouc. larg. 43 pouc.

PAR LE MÊME.

461
Joan
7 Vue de la Ville des Empereurs, ornée de figures sur différens plans. Ce tableau peut servir de pendant au précédent.

GASPARO VAN WITEL.

68
Boileau
8 Vue de la place d'Espagne à Rome. T. Haut. 9 po. larg. 12 pouc.

CANALETTI.

130
200
9 Quatre Tableaux, Vues de Venise. T. Haut. 12 po. larg. 18 pouces.

D'après RAPHAEL.

1000
Cons
10 L'Ecole d'Athênes; belle copie faite avec le plus

grand foin par Mignard. T. Haut. 36 pouc: larg. 49.

D'après PAUL VERONEZE.

11 La Circoncifion, compofition de douze figures. T.
Haut. 24 pouc. larg. 30 pouc.

D'après LE MEME.

12 Une belle copie de la Madeleine chez le Phari-
fien. T. Haut. 19 pouc. larg. 42.

D'après LE CORTONNE.

13 Une Réduction du plafond du palais Barberin à
Rome, rendu avec le plus grand foin, par Huïn;
elle porte à peu près 5 pieds fur 7.

DESMARAIS, d'après le Dominiquin.

14 Les Jeux de Diane; copie exacte & de la même
grandeur que l'original qui eft au palais Borghèfe à
Rome, & qui eft gravé par Morghen. T. Hauteur
78 pouc. larg. 114 pouc.

MARTIN.

15 Vue d'une Ville de Flandre. Le premier plan eft
occupé par divers cavaliers, & l'on apperçoit des
défilés de troupes fur des plans plus éloignés. T.
Haut. 35 pouc. larg. 46.

EUSTACHE LE SUEUR.

16 Les Efquiffes terminées des cinq tableaux du plafond de l'hôtel Lambert qui font au Mufæum. Ces
tableaux joignent à la difficulté de s'en procurer,
un mérite réel, tel qu'on doit l'attendre d'un artifte
auffi célèbre que le Sueur; le premier, qui eft la

[8]

naiſſance de l'amour, a 19 pouces de haut ſur 14
pouces de large ; deux autres portent 9 pouces de
haut ſur 22 pouces de large ; & deux, 9 pouces de
haut ſur 18 pouces de large. Cette ſuite intéreſſante
a fait partie de la célébre collection Boiſſet.

SEBASTIEN BOURDON.

1000
Constantin

17 Tobie faiſant enterrer les morts. Une belle couleur, un deſſin correct & de bon ſtyle, ajoute au
mérite d'une belle compoſition de douze figures, &
fait entrer ce beau tableau en comparaiſon avec les
plus beaux ouvrages du Pouſſin, auquel il tient
beaucoup. T. Haut. 46 pouc. larg. 62 pouc.

PAR LE MEME.

380
Laroche

18 L'intérieur d'une chambre ruſtique, compoſition
de quatre figures, ornée d'acceſſoires rendus avec
vérité. C. Haut. 9 pouc. larg 11.

PAR LE MEME.

480
Sirault

19 Un Payſage orné de figures, repréſentant une fuite
en Egypte. T. Haut. 9 pouc. larg. 12.

JOUVENET.

240
Hamon

20 Le Centenier aux pieds du Chriſt, compoſition de
douze figures. T. Haut. 36 pouc. larg. 26.

AUBRI.

96
Cornillon

21 Une Eſquiſſe terminée d'un fils qu'un capucin ra-
mene à ſon père. Compoſition intéreſſante de neuf
figures. T. Haut. 9 pouc. larg. 13.

GREUZE.

22 L'intérieur d'une Chambre rustique, composition *1000* *Constantin*
de cinq figures, connue par l'estampe qui a pour
titre les Ecosseuses de pois. Ce tableau précieux
d'exécution, d'une couleur vraie & harmonieuse,
peut être cité comme une des belles productions de
cet habile artiste. T. Haut. 24 pouc. larg. 30.

DOYEN.

23 Une Esquisse terminée, représentant la mort de *100* *Constantin*
Virginie. Cette riche composition est une des plus
belles productions de cet artiste. T. Haut. 28 pouc.
larg. 48 pouces.

FRAGONARD.

24 Deux tableaux, Portraits d'homme & de femme. *20. 1* *Destouches*

RENAUD.

25 Le Déluge, composition de quatre figures. L'ex- *2501*
pression, la couleur, le dessin, tout enfin assure une
place distinguée à ce beau tableau, qui, à juste titre,
a mérité cette réputation à l'exposition du sallon.
T. Haut. 33 pouc. larg. 26.

PAR LE MÊME.

26 Socrate venant arracher Alcibiade des bras de ses *2499*
Maîtresses. Ce séduisant tableau a joui du plus grand
succès lors de son exposition au sallon. T. Hauteur
16 pouc. larg. 22.

PAR LE MEME.

27 Une Danaée vue à mi-corps, tableau oval en *retiré*
travers.

T A I L L A S S O N.

1251

Bouquet

28 Un tableau repréſentant la ſcène du cinquiéme acte de Rodogune de Pierre Corneille : c'eſt l'inſtant où Rodogune dit : » Seigneur, voyez ſes yeux déjà tout égarés, troublés & furieux. « Cette belle compoſition pleine d'expreſſion de vérité & d'une bonne couleur , a fait le plus grand honneur à l'artiſte à l'expoſition de 1791. T. Haut. 54 pouc. larg. 66.

P A R L E M E M E.

180

Droguer

29 Mezence au déſeſpoir d'avoir perdu ſon fils, quoique bleſſé , ſe fait mettre ſur ſon cheval & va combattre Enée qui lui donne la mort. Riche & belle compoſition. T. Haut. 50 pouc. larg. 78.

J. B. V I G N A L I S, à Rome en 1788.

1500

St Aubin

30 Pirrhus préſenté à Glaucias Roi d'Illyrie, par des guerriers, ſa nourrice & ſuite de femmes. Il ſe traine à quatre pattes à l'autel des dieux domeſtiques , & l'embraſſe ; ce qui décide le Roi à le prendre ſous ſa protection. Une belle compoſition, un deſſin correct, la couleur, l'expreſſion, un ſtyle ſévère ont donné à ce tableau une réputation bien méritée. T. Haut. 64 pouc. larg. 96.

PAR LE MEME.

1750

Constantin

31 Brutus condamnant ſes fils à la mort. La ſcène ſe paſſe au milieu d'une place publique. Les deux Conſuls ſont aſſis ſur le tribunal, des licteurs les entourent ; un peuple immenſe eſt autour des barrières dans l'expreſſion de l'étonnement & de la

douleur. Titus eſt à genoux devant ſon père cher-
chant à l'attendrir. Cette riche & belle compoſition
ne laiſſe rien à deſirer pour l'expreſſion, & peut-
être cité comme une des plus heureuſes productions
de nos artiſtes modernes. T. Haut 26 pouc. larg. 36.

GAUFFIER.

32 L'Ange, après avoir annoncé à Manué & Elima
qu'ils auront un fils nommé Samſon, diſparoît à
travers la fumée d'un ſacrifice. Ce beau tableau aſ-
ſure un rang diſtingué à l'artiſte parmi les peintres
français. T. Haut. 36 pouc. larg. 48.

PAR LE MEME.

33 Une Eſquiſſe terminée, repréſentant Jacob ren-
contrant auprès d'un puits Rachel & Lia abreuvant
leurs troupeaux. T. Haut. 11 pouc. larg. 8 pouc.

PAR LE MEME.

34 Autre Eſquiſſe du tableau de Manué & Elima;
même grandeur que la précédente.

PAR LE MEME.

35 Deux Eſquiſſes très rendues; l'une repréſente l'inſtant où le premier navigateur eſt conduit par l'A-
mour devant une jeune fille qui, depuis ſon âge ten-
dre, cachée dans une Iſle, ignoroit encore s'il exiſ-
toit d'autres êtres de ſon eſpèce.

L'autre, le moment où le jeune homme ayant
mené la jeune fille ſur le bord de l'Iſle pour lui
montrer le moyen dont il s'étoit ſervi pour traverſer
la mer, lui jure de ne jamais ſe ſéparer d'elle. Des

Amours brifent le bateau. Ces deux fujets font tirés
de Geffner, & rendus avec toute la grace & la fi-
neffe dont ils font fufceptibles. T. Haut: 11 pouces,
larg. 8.

S. OURS.

1000

Conché

36 Le choix des enfans de Sparte. Un jeune homme
préfente avec affurance fon enfant aux juges qui
l'examinent. On voit d'un autre côté le défefpoir de
celui dont l'enfant mal conformé eft condamné à
l'anéantiffement. Ce tableau eft très-intéreffant par
l'exactitude des coftumes, la belle ordonnance de la
compofition, & l'effet bien raifonné de la lumière.
T. Haut. 48 pouc. larg. 96.

PAR LE MEME.

800

St. Aubin

37 Mariage Germain. Les armes romaines qui for-
ment un trophée dans un coin de ce tableau, indi-
quent que l'inftant de la fcène s'eft paffé après la
défaite de Varus, pro-conful, par Arménius.

Le mari apporte à fa femme un cheval & une paire
de bœufs, pour indiquer qu'elle doit partager & fa
gloire & fes travaux. La dot de la jeune mariée
font des armes qu'elle deftine à fon mari.

Cette cérémonie eft fuivie d'un repas frugal où
affiftent les parens & amis. La recherche des coftumes & le foin de l'exécution, rendent ce tableau
très-intéreffant. T. Haut. 48 pouc. larg. 96.

PAR LE MEME.

550

Constantin

38 Les Jeux olympiques. Il y eft repréfenté l'inftant

où un jeune athlete , après avoir terrassé trois adver-
saires, est prêt à recevoir le prix de sa victoire des
mains des juges élevés sur un amphithéâtre. L'enceinte de l'arêne est entourée d'un grand nombre
de spectateurs; le fond est enrichi de monumens qui
caractérisent le beau tems de la Grèce. Cette riche
composition ne fera qu'ajouter à la réputation de cet
artiste. T. Haut. 27 pouc. larg. 48.

FABRE.

39 La mort d'Abel, belle figure faite avec le plus
grand soin, d'un dessin correct & fin de ton. C'est
le petit d'un grand tableau qui a fait la plus vive
sensation au sallon de 1791, & qui ne lui céde en
rien pour le mérite. T. Haut. 8 pouc. larg. 10.

CHAISE.

40 Les filles de Pélias qui demandent à Médée la pro-
longation des jours de leur père. Ce tableau d'un
bon effet & agréable de couleur, est composé de
cinq figures, & enrichi de détails bien exécutés; il
faisoit partie de l'exposition de la Société des Beaux-
Arts. T. Haut. 30 pouc. larg. 36.

PAR LE MEME.

41 Coriolan sollicité par sa mère & les citoyennes romaines, de quitter les armes & d'abandonner le siége
de Rome. T. Haut. 16 pouc. larg. 24.

PAR LE MEME.

42 Une famille célébrant la fête de Bacchus dans l'intérieur d'une cour. T. Haut 2 pieds 3 pouces, larg.
3 pieds 2 pouces.

BELLE fils.

43 Le mariage de Booz & de Rhut. Ce tableau repréfente l'inftant où Ruth de retour chez fa belle
mère, Noëmi, après l'avoir embraffé, fe retourne
vers Booz en lui préfentant fa main qu'il prend en
montrant à Noëmi le foulier qui lui donne le droit
d'époufer Ruth. Tableau d'un bon ftyle & d'une
bonne couleur. T. Haut. 36 pouc. larg. 48.

SERANGELI.

44 Une Fuite en Egypte. Ce tableau bien deffiné,
d'une bonne couleur & d'un bon ftyle, a mérité
des encouragemens à ce jeune artifte à la dernière
expofition du fallon. T. Haut. 63 pouc. larg. 47.

CONSTANTIN.

45 Une Efquiffe très-foignée repréfentant la Béné-
diction de Jacob; compofition de dix figures d'un
bon ftyle & d'une bonne couleur. T. Haut. 16 pouc.
larg. 24.

MOREAU.

46 Une figure académique repréfentant un Soldat
bleffé, ayant reçu la couronne civique. T. Hauteur
24 pouc. larg. 30.

SABLÉ.

47 Une Payfanne italienne enceinte, eft préfentée par
fes parens à ceux du jeune homme coupable qui, à
genoux devant fon père, implore fon indulgence;
la mère fe trouve mal & eft fecourue par deux jeu-
nes perfonnes, & une grand-mère qui verfe un verre

d'eau. Ce tableau est d'une belle couleur, d'un effet piquant & d'une grande vérité. T. Haut. 27 pouc. larg. 36.

PAR LE MEME.

48 Un Paysage d'un ton chaud, sur le devant est une fontaine où des cavaliers viennent abreuver leurs chevaux & leurs chiens. T. Haut. 26 pouc. lar. 36.   *500 Nandon*

NICOLAS TAUNAI.

49 Henri IV. rencontre Sully blessé après la bataille d'Ivry, & descend de cheval pour l'embrasser. Un beau & vaste paysage orné d'une grande quantité de figures & chevaux, assure un rang distingué à ce tableau. T. Haut. 28 pouc. larg. 36.   *661 Constantin*

PAR LE MEME.

50 La Femme adultère ; riche & agréable composi- tion ornée de belles fabriques. T. Haut. 9 pouces, larg. 12.   *750 Galland*

PAR LE MEME.

51 Jésus-Christ au milieu des docteurs. Ce charmant tableau peut servir de pendant au précédent.   *840 Galland*

PAR LE MEME.

52 Les trois Anges qui apparoissent à Abraham. La scène se passe à la porte d'une chaumière : le fond est orné de quelques animaux ; un ciel vaporeux termine le fond de ce joli tableau qui fait suite aux précédens.   *500 Nandon*

PAR LE MEME.

53 Un Paysage représentant une Moisson, & dont les   *253 St. Aubin*

figures font Booz qui permet à Ruth de glaner dans
fon champ. Il fait fuite aux précédens.

PAR LE MEME.

751
Basan

54 Vue du port de Gaete, enrichi d'une grande quantité de figures & barques. T. Haut. 18 pouces., largeur 23 pouces.

PAR LE MEME.

592
Basan

55 Un Payfage d'un beau fite, orné d'une grande quantité de figures offrant une marche de volontaires ; le
premier plan eft occupé par des vivandiers & cavaliers qui fe repofent. T. Haut. 18 pouc. larg. 22.

PAR LE MEME.

735
Naudin

56 Un tableau pouvant fervir de pendant au précédent. Il repréfente une efcarmouche ; fur le devant
où l'affaire à commencé, on voit un chariot où l'on
place les bleffés ; dans un coin un détachement de
cavalerie fe prépare à donner. T. Haut. 18 pouces,
larg. 22.

PAR LE MEME.

554
Perrier

57 Un Payfage. Un vieillard fait auprès d'une chaumière la lecture de la feuille villageoife ; il eft en-
touré de douze figures dans différentes fituations.
Tableau piquant d'effet. T. Haut. 18 pouc. larg. 22.

PAR LE MEME.

372
Conftantin

58 Payfage au milieu duquel eft un pont , & dont les
premiers plans font ornés de figures & d'une barque
à voiles où l'on embarque des animaux. T, Hauteur
14 pouces, largeur 18.

PAR LE MÊME.

59 Vue d'un Parc orné de figures regardant une danfe de chiens. Ce charmant tableau vient d'être gravé par Defcourtis. T. Haut. 12 pouc. larg. 9 pouc.

DEMARNE.

60 Un Payfage au foleil couchant. Vue de Suiffe, or-née de figures & animaux s'abreuvant à une fontaine. Ce tableau, d'une bonne couleur & d'un effet pi-quant, peut être regardé comme une des plus heu-reufes productions de ce maître. T. Haut. 32 pouc. larg. 48 pouc.

BIDAULT.

61 Vue de la Ville de Tivoli & des Cafcatelles; on voit Rome dans le lointain. Ce tableau, effet de fo-leil couchant, eft riche de détails; un ciel vaporeux & une harmonie générale font regarder ce tableau comme une des belles productions de cet artifte. T. Haut. 26 pouc. larg. 36.

PAR LE MÊME.

62 Vue de Ponte della Cave, fur la route de Naples à Peftum. Ce tableau piquant d'effet, peut fervir de pendant au précédent, & ne lui céde en rien pour le mérite.

PAR LE MÊME.

63 Vue du mont S. Orefte, orné fur le devant de plu-fieurs bœufs, dont deux font attelés à une charue. Ce tableau eft d'une grande vérité. T. Haut. 9 pouc. larg. 12 pouc.

B

BIDAULT.

641
Desmarais

64 Vue de Tivoli, dont l'artiste a fait une retraite de chartreux. Ce séduisant tableau est regardé comme une des plus heureuses productions de l'artiste. T. Haut. 12 pouc. larg. 9.

PAR LE MÊME.

382.
Idem

65 Vue de la Ville de Narni, ornée de figures, sujet d'une fable de La Fontaine, qui a pour titre le Meunier, l'Ane & son Fils. Il peut servir de pendant au précédent.

F. HUE.

200.1
Le Bon

66 Une Forêt avec une mare d'eau sur le devant. Une halte de chasse peinte avec soin par Sweback Desfontaines, ajoute au mérite de ce beau tableau. T. Haut. 36 pouc. larg. 48.

SCHALL.

700
Constantin

67 Alain Chartier, premier poëte français, étant endormi dans la galerie de Fontainebleau, Marguerite d'Ecosse le baisa sur la bouche. Les personnes de sa suite lui marquant son étonnement, elle leur dit » qu'elle n'avoit pas baisé l'homme, mais la bouche » qui avoit prononcé tant de belles choses. « Ce tableau intéressant est d'une bonne couleur & bien composé. T. Haut. 20 pouc. larg. 17.

MICHEL GARNIER.

400
Sirault

68 L'intérieur d'un Appartement, où une jeune femme assise sur un canapé & tenant une lettre de la main droite, regarde avec intérêt l'heure qu'il est à la pendule. La suivante, qui est dans la demi-teinte & qui

vient de fervir le déjeûner , femble partager fon in-
quiétude. T. Haut. 16 pouc. larg. 20.

PAR LE MEME.

69 Autre intérieur d'Appartement, où un jeune homme affis fur un fopha , attire à lui une jeune fille
qui, pour s'échapper , s'empare d'un cordon de
fonnette qui pend à la cheminée. Ce tableau peut
fervir de pendant au précédent. Ces deux jolis tableaux ornés de détails rendus avec foin, font honneur au talent de l'artifte.

MARCHAIS.

70 Un Payfage orné de fabriques italiennes & de figures repréfentant Belifaire au moment où des fol-
dats Bulgares le font monter à cheval pour le con-
duire à leur chef. Ce précieux tableau réunit à une
belle exécution, un bon ftyle & des figures dignes
de nos grands maîtres. Nous croyons que les amateurs diftingueront ce nouveau talent qui n'eft encore connu que par un tableau expofé au dernier
fallon. T. Haut. 24 pouc. larg. 30 pouc.

GANDAT.

71 Vue du Ponte Salara, à quatre milles de Rome. Ce
joli tableau eft orné d'une grande quantité de figures
intéreffantes. T. Haut. 26 pouc. larg. 36.

BOGUET.

72 Un Payfage repréfentant le Printemps. La fraî-
cheur, la vivacité & la richeffe de cette faifon , fe
trouvent rendus avec l'intérêt & le charme qu'elle

inspire. Ce tableau est orné de figures par S. Ours, représentant une offrande à Flore. T. Haut. 37 pou. larg. 50.

PAR LE MEME.

499.19
Desmarais

73 La Vue du Ponte Molle, à deux milles de Rome. Ce tableau d'une grande vérité, est orné de figures. T. Haut. 26 pouc. larg. 36.

DENIS.

561
Feuyl

74 Vue du Pont Nomentane, près Rome. Ce tableau est orné de figures par Sweback Desfontaines. T. Haut. 26 pouc. larg. 36.

PAR LE MEME.

481
Desmarais

75 Autre Vue d'Italie, d'un beau site, ornée de figures & animaux. T. Haut. 26 pouc. larg. 36.

PAR LE MEME.

501
Denis

76 Autre Vue d'Italie, riche de détails, & ornée d'un grand nombre de figures par Sweback Desfontaines. T. Haut. 18 pouc. larg. 23.

BOURGEOIS.

401
Bouquet

77 Vue de Grotta Ferrata, ornée de figures, par Vignalis, représentant Electre faisant des libations auprès du tombeau d'Agamemnon; on voit sur un plan éloigné Oreste demandant le palais de son père. Ce tableau, bien composé & vrai, doit contribuer à la réputation de cet artiste. T. Haut. 26 pouc. larg. 36.

PAR LE MÊME.

78 Payſage pittoreſque orné de figures, par Vignalis, repréſentant Abraham & les anges, d'après Raphaël. Ce tableau peut ſervir de pendant au précédent.

PAR LE MÊME.

79 Chemin antique orné de figures & enrichi de belles fabriques & de monumens très-purs. Ce tableau, du plus beau ſtyle, a réuni tous les ſuffrages au ſalon de 1791 : il peut ſervir de pendant aux précédents.

PAR LE MÊME.

80 Autre Vue d'Italie dans le même genre, ornée d'une grande quantité de figures, par Desfontaines. T. Haut. 14 pouc. larg. 18.

BROCHAT.

81 Un Payſage, Vue d'Italie, au milieu duquel paſſe une caſcade. Ce tableau eſt orné de figures. T. Haut. 26 pouc. larg. 36.

PAR LE MÊME.

82 Un ſuperbe & vaſte Payſage, tableau fin & d'une grande vérité, fait d'après nature aux Pyrénées, & orné de figures & moutons ſur le premier plan. T. Haut. 16 pouc. larg. 20.

SWEBACK DESFONTAINES.

83 Un Marché de chevaux, riche compoſition dans un payſage vaſte & d'une bonne couleur. Une

B 3

touche fpirituelle & un effet piquant feront diftin-
guer ce tableau. B. Haut. 15 pouc. larg. 24.

PAR LE MÊME.

221
Conftantin

84 Une Hôtellerie dans un payfage, où diverfes
figures de cavaliers & garçons d'écurie font occu-
pées. Ce joli tableau eft une des bonnes productions de ce maitre. B. Haut. 11 pouc. larg. 15.

PAR LE MÊME.

182

85 Autre dans le même genre, pouvant fervir de
pendant au précédent.

PRR LE MÊME.

220
Voila

86 Vue d'un Site d'Italie, orné de figures. T. Haut.
14 pouc. larg. 16.

PAR LE MEME.

150
Conftantin

87 Un Intérieur de Corps-de-garde où fe trouvent
fix figures. Ce joli tableau eft orné de détails rendus avec vérité, & fpirituellement touché. B.
Haut. 7 pouc. larg. 9.

PAR LE MÊME.

95
Conftantin

88 Autre Intérieur de Corps-de-garde où fe trouve
fur le devant une femme converfant avec un offi-
cier. Ce joli tableau ne le cède en rien au précédent. B. Haut. 7 pouc. larg. 5.

PAR LE MÊME.

320
Gallois

89 Une Vue de Gênes, ornée fur le devant de figures & animaux. T. Haut. 20 pouc. larg. 25.

PAR LE MEME.

90 Deux Tableaux de Bataille, escarmouche de
cavalerie d'un effet piquant & d'une touche spiri-
tuelle. T. Haut. 6 pouc. larg. 7.

PAR LE MEME.

91 Un Paysage au milieu duquel passe une riviere;
le premier plan est occupé par une charrette cou-
verte & diverses figures de baigneurs. B. Haut. 10
pouc. larg. 14.

PAR LE MEME.

92 Un Intérieur de Cour de ferme, orné de figures
& animaux. B. Haut. 6 pouc. larg. 9.

BRUANDET.

93 Un Intérieur de Forêt; tableau de la plus grande
vérité & un des plus parfaits de cet artiste. Il est orné
d'une chasse par Desfontaines. T. Haut. 14 pouc,
larg. 20.

PAR LE MEME.

94 Une Vue du bois de Boulogne. Ce joli tableau
est aussi orné de figures par Desfontaines. T. Haut.
14 pouc. larg. 17.

PAR LE MEME.

95 Vue du bois de Boulogne, ornée de figures. T.
Haut. 15 pouc. larg. 12.

VALLIN.

96 Une Tempête, ornée sur le devant de trois figures
dont une a péri; sur un plan plus éloigné on voit

une chaloupe luttant contre les vagues. Ce tableau
piquant est vrai d'effet. B. Haut. 15 pouc. larg. 25.

PAR LE MEME.

97 Un Paysage, effet d'orage, orné de deux figures
& d'un troupeau de moutons effrayé. Ce joli tableau est piquant d'effet. B. Haut. 9 pouc. larg. 12.

MICHEL.

98 Deux Tableaux : l'un représente une Foire sur la
place d'un village ; l'autre une Guinguette riche-
ment ornée de figures. B. Haut. 8 pouc. larg. 6.

PAR LE MEME.

99 Deux Tableaux, Paysages pittoresques, ornés
de figures & animaux. B. Haut. 8 pouc. larg. 11.

PAR LE MEME.

100 Un Paysage d'un effet piquant, orné de figures.
B. Haut. 9 pouc. larg. 12.

CESAR VANLOO.

101 Deux Paysages, Vues d'Italie, ornés de figures
sur différens plans. T. Haut. 20 pouc. larg. 17.

PAR LE MEME.

102 Autre Vue d'Italie, ornée de figures. T. Haut.
36 pouc. larg. 50.

PAR LE MEME.

103 Autre Paysage orné de figures. T. Haut. 15 p.
larg. 24.

TAUREL.

104 Vues des trois Temples de Peſtum, priſes des bords de la mer ; ſur le devant une chaloupe eſt ornée de figures. T. Haut. 27 pouc. larg. 20.

VANDER BURG.

105 Deux Payſages, Vues d'Italie, d'un ton chaud & piquant d'effet : ils ſont ornés de jolies figures par Taunai. T. Haut. 24 pouc. larg. 30.

PAR LE MEME

106 Une autre Vue d'Italie ornée de figures, par Taunai. T. Haut. 26 pouc. larg. 36.

BALTARD.

107 Vue de Rocca di Papa, orné de figures ſur diffé-rens plans. T. Haut. 26 pouc. larg. 36.

PAR LE MÊME.

108 Vue des trois colonnes du Temple de Jupiter Stator, dans le Campo Vaccino à Rome. T. Hauteur 21 pouc. larg. 16 pouc.

PAR LE MEME.

109 Autre Payſage, Vue d'Italie, pouvant ſervir de pendant au précédent.

DUNOUI.

110 Une Forêt où l'on voit la Fontaine d'Amour. Les figures, de Letierre, repréſentent le combat de Roland & Ferragus : on voit dans le fond la belle Angélique fuyant ſur ſon courſier. Ce tableau fait honneur aux talens de cet artiſte. T. Haut. 26 pouc. larg. 36.

PAR LE MEME.

600
Vauthier

111 Une Vue d'Italie, fite riche & impofant, ornée de figures & animaux. Ce tableau peut fervir de pendant au précédent.

PAR LE MEME.

256
Bouquet

112 Vue du lac de Nemi, orné de figures & animaux. T. Haut. 14 pouc. larg. 23 pouc.

VOLAIRE.

Retiré

113 Une Vue du Véfuve pendant l'irruption. T. Hauteur 24 pouc. larg. 36.

DANLOUX.

235
Naudan

114 Une jeune fille faifant jouer un petit garçon avec un polichinel. T. Haut. 7 pouc. larg. 6.

DEBUCOUR.

29.19
Constantin

115 Un petit intérieur de chambre ruftique ornée de figures. T. Haut.   pouc. , larg.   pouc.

SENAVE.

38.1

116 Un petit tableau, Intérieur ruftique, orné de figures. T. Haut.   pouc. larg.   pouc.

LA FONTAINE.

215
Clozier

116 L'intérieur d'une Eglife, ornée de figures. Ce tableau, d'une grande vérité, fait honneur aux talens de cet artifte. B. Haut. 15 pouc. larg. 19.

DRAHONET.

50.4
Destouche

118 Un tableau d'architecture, orné de figures de Sweback Desfontaines. T. Haut. 9 pouc. larg. 12.

LORIMIER.

119 Deux petits Payſages en hauteur, ornés de figures.

TIERCE.

120 Vue d'une Caſcade d'Italie, ornée de figures ſur
différens plans. T. Haut. 14 pouc. larg. 23.

St. MARTIN, d'après Greuze.

121 Les Enfans en ſevrage. Copie faite avec ſoin. T.
Haut. 12 pouc. larg. 15.

PETIT.

122 Deux tableaux, Vue de l'Arc de Tite, priſe des
deux côtés. T. Haut. 24 pouc. larg. 18.

PAR LE MEME.

123 Vue de l'Arc de Septime Sévere, à Rome.

RAGUENET.

124 Vue du Quai de la Vallée, de l'ancien hôtel Conti
& de la Galerie du Louvre, priſe du coin de la rue
de Harlai. T. Haut. 18 pouc. larg. 24.

GOUACHES ET DESSINS.

DUCROS.

125 Un Payſage, Vue d'Italie, fait à l'aquarelle,
d'une vigueur & d'une vérité étonnante.

VANDER BURG.

126 Un Payſage d'un ſite pittoreſque, peint à goua-
che. Il peut ſervir de pendant au précédent.

THOMAS.

162
Sirault

127 Un Aquarelle où se trouvent réunis plusieurs des plus beaux monumens de Rome, tels que le Panthéon, la Colonne Trajanne, les Chevaux di Monte Cavallo, la Golonnade de St. Pierre, & le Colisée.

MARBRES.

CHAUDET.

1160
St. Aubin

128 La Sensibilité, figure en marbre, représentée par une jeune fille qui vient de toucher une sensitive ; elle est appuyée sur un vase où sont représentés les animaux auxquels on accorde cette vertu. Sur le socle sont quatre bas-reliefs, sujets d'histoire, effets de la sensibilité. Celui sur la première face du socle, représente Cypsilus, fils de Labda, qui touche la sensibilité de dix soldats envoyés pour le tuer, & échappe ainsi à la fureur de ses ennemis.

Le second, à droite, représente Cornelie, mère des Gracques, montrant ses enfans à une Campanienne, qui lui faisoit étalage de ses joyaux, en lui disant : » voilà mes bijoux & mes seuls ornemens. «

Le troisième est Androclus, esclave romain qui, pour s'être enfui de chez son maître, est condamné à périr en combattant des animaux ; un lion à qui il avoit sauvé la vie dans la forêt, le reconnoit, lui lèche les pieds & le protége.

Le quatrième représente Coriolan cédant aux instances de sa mère & des Dames Romaines.

Cette charmante figure de 30 pouces de propor-
tion, porte 16 pouces de haut fur 22 de longueur &
14 de profondeur.

PAR LE MEME.

129 La tête d'Apollon, de même grandeur que l'antique, & faite d'après à Rome avec la plus févère
exactitude, fur focle de bleu turquin. Hauteur totale 30 pouces.

PETITOT.

130 Une Minerve, d'après une tête coloffale antique,
qui eft au Palais Albani. Cette tête d'un beau carac-
tère, & faite avec le plus grand foin, peut fervir
de pendant à la précéente.

PAR LE MEME.

131 L'Apolline & la Vénus Callipeges, figures faites
d'après l'antique, à Rome, avec le plus grand foin,
fur focle de bleu turquin. Hauteur totale 27 pouc.

MEUBLES DE BOULE.

132 Deux Gaines, première partie, à deffins, en
bronze & étain, garnies de bronze doré au mat,
portant 47 pouces de haut.

133 Plufieurs Tableaux, Deffins, Eftampes, Meu-
bles, Bras & vieilles Bordures, qui feront vendns
fous ce N°.

A PARIS. De l'Imprimerie de PRAULT l'aîné,
Quai des Auguftins, à l'Immortalité, N° 44.

www.ingramcontent.com/pod-product-compliance
Ingram Content Group UK Ltd.
Pitfield, Milton Keynes, MK11 3LW, UK
UKHW021032120726
13693UKWH00005B/2289